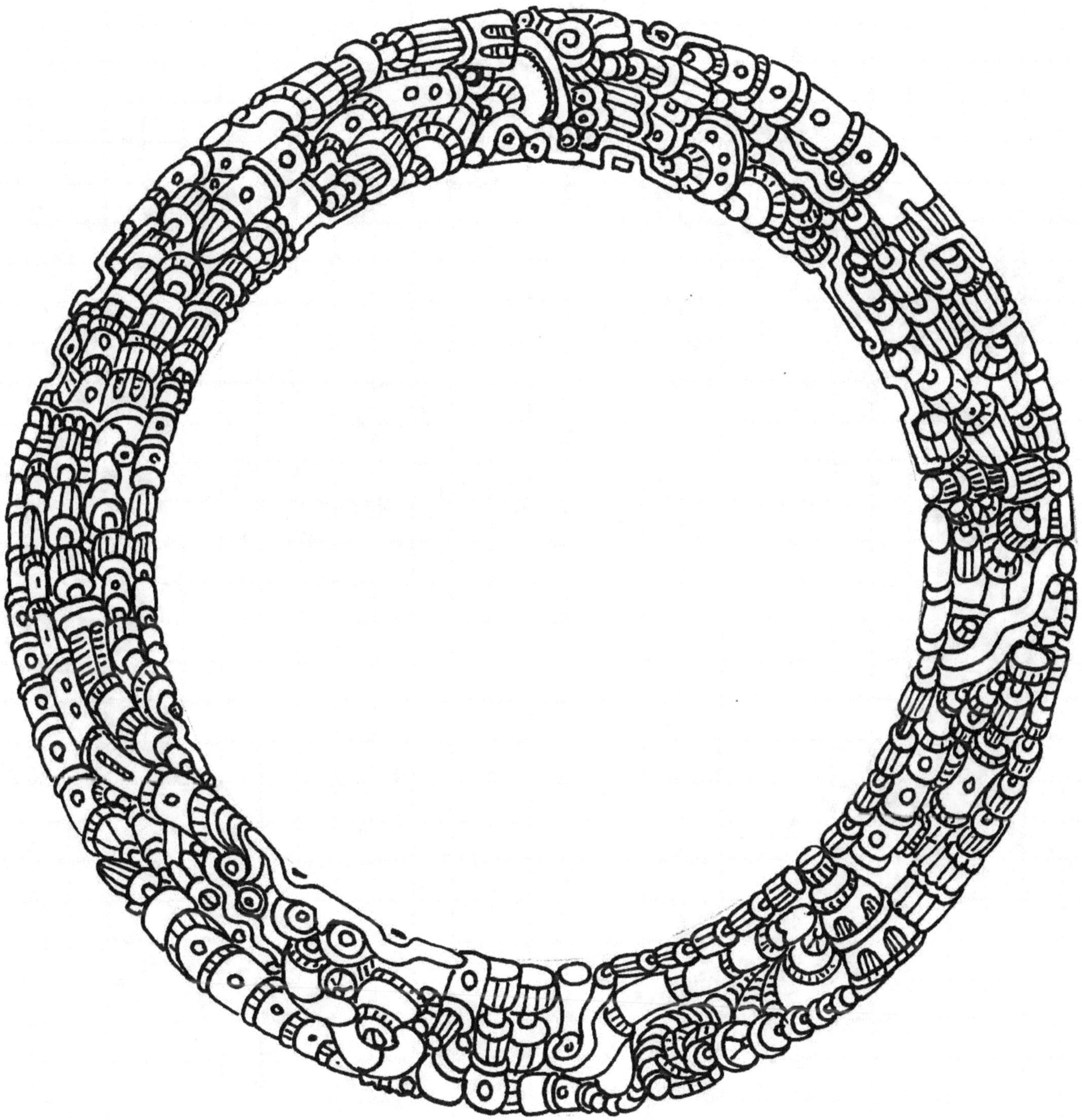

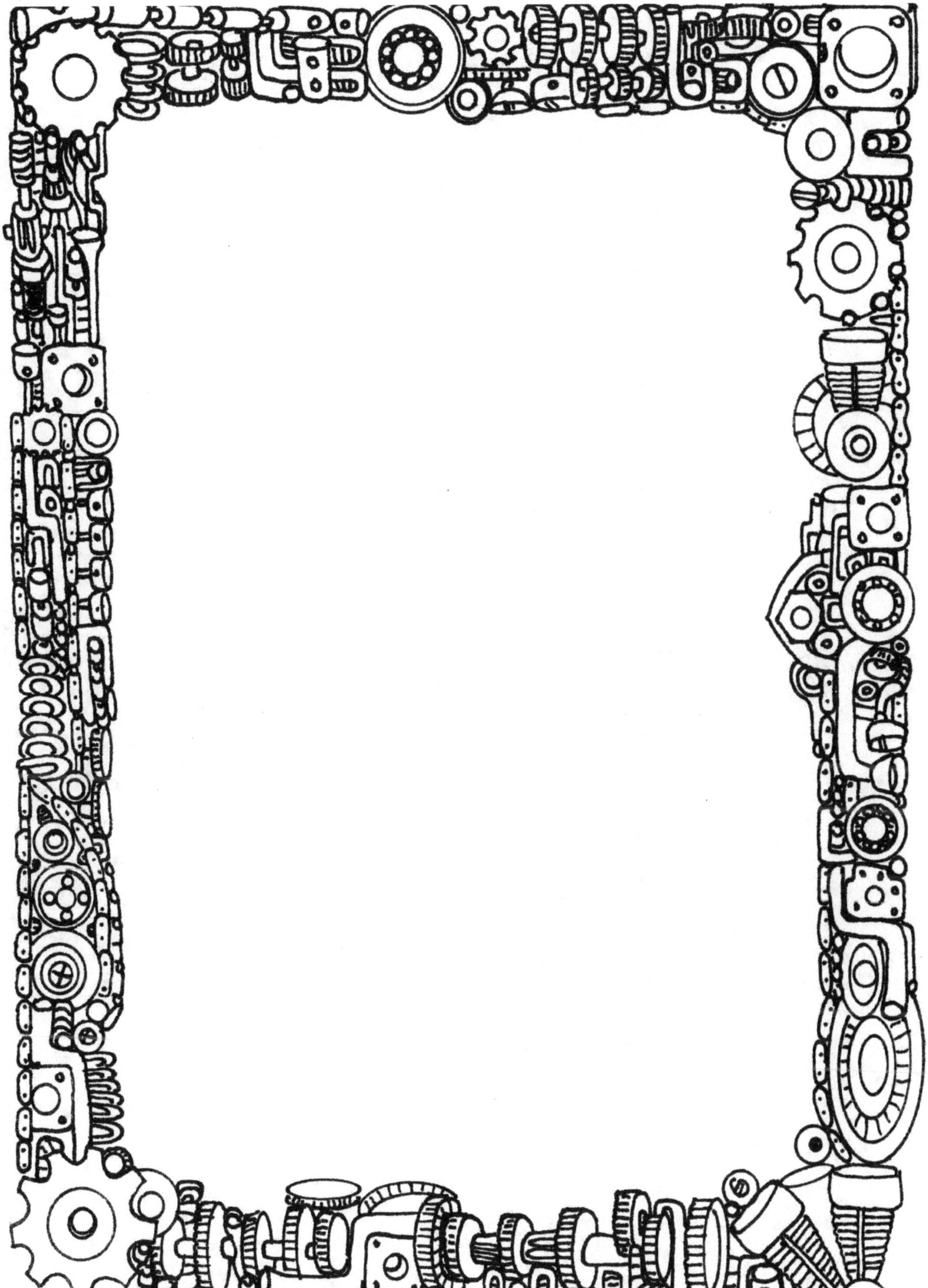

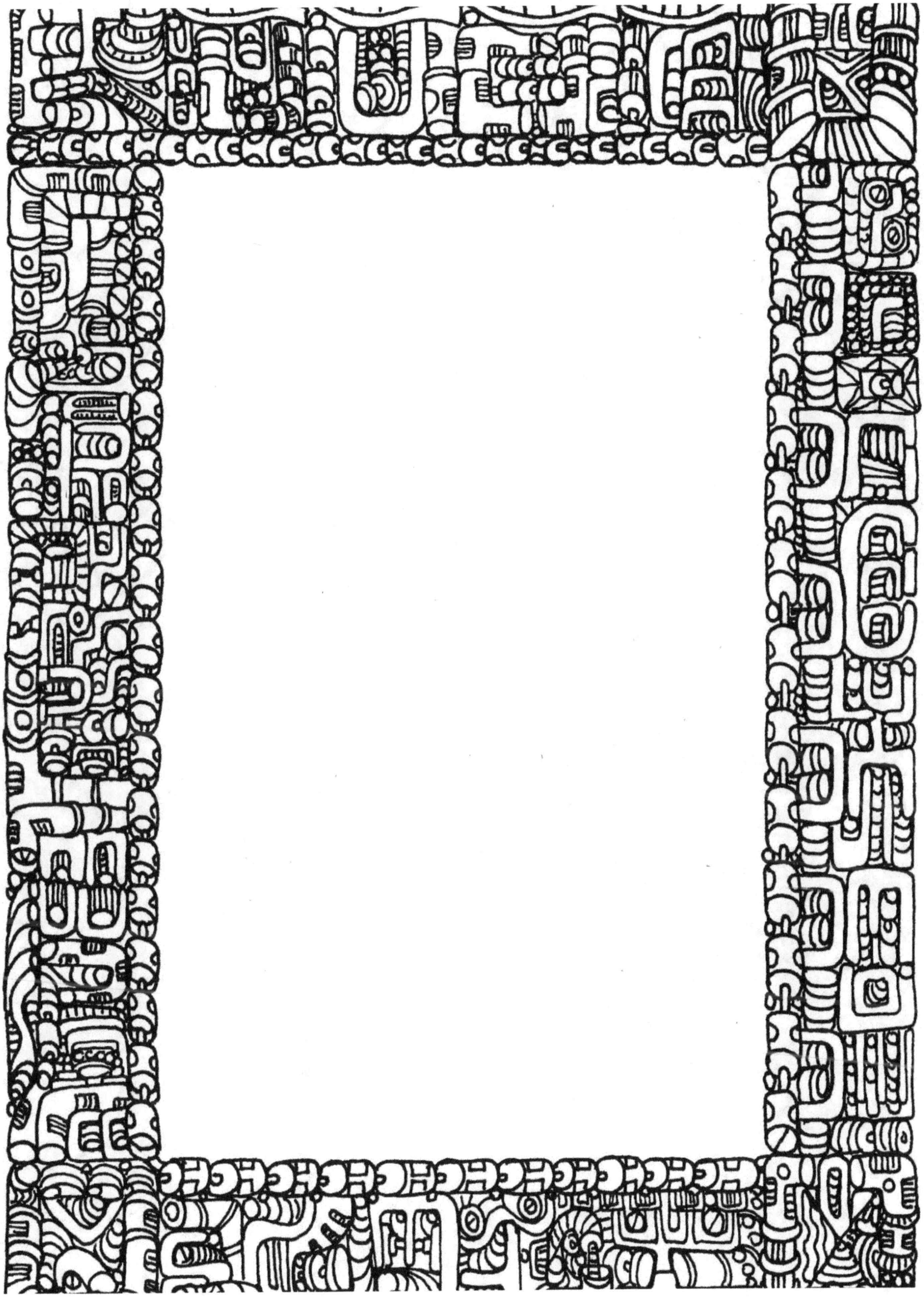

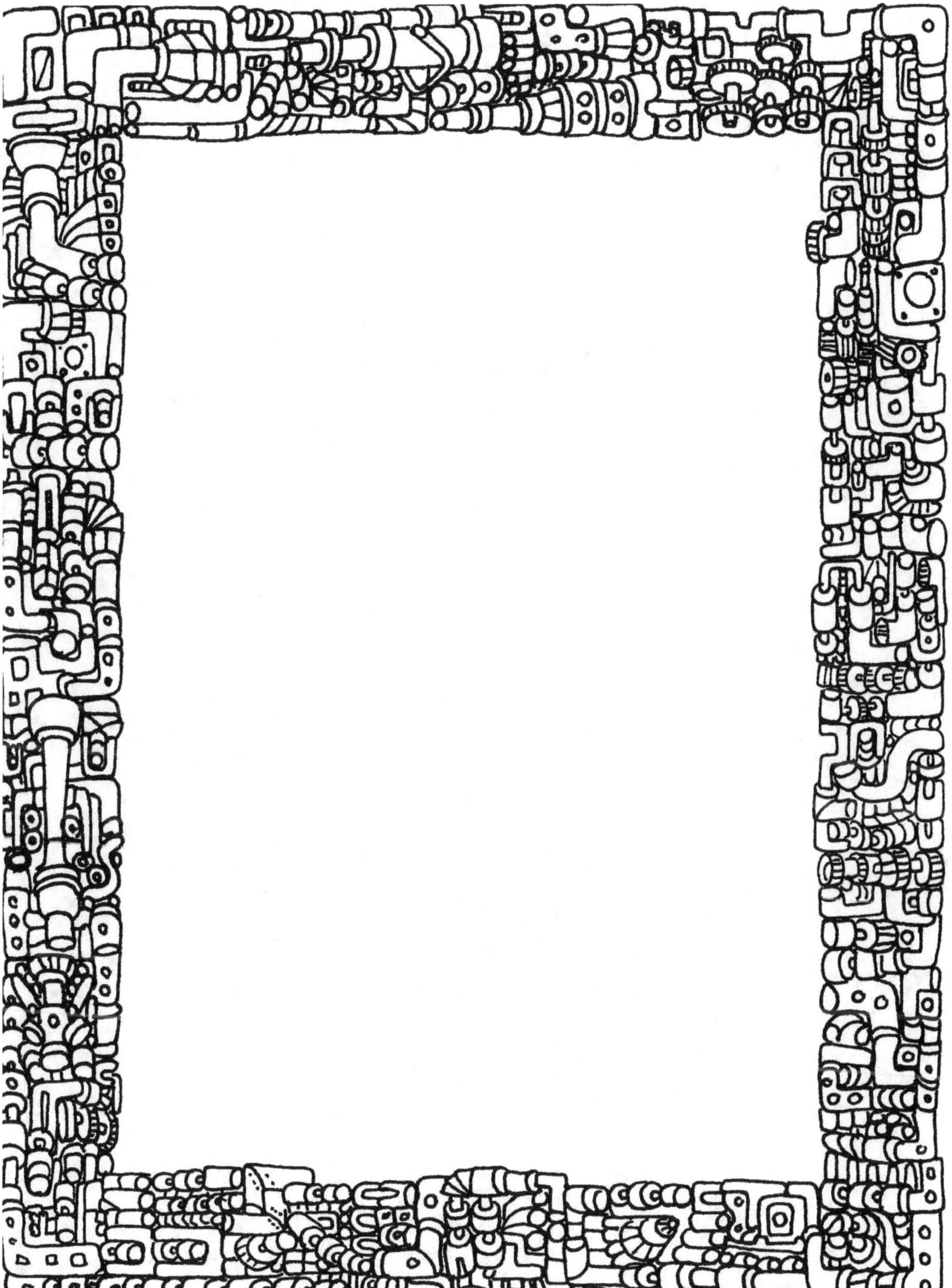

TW

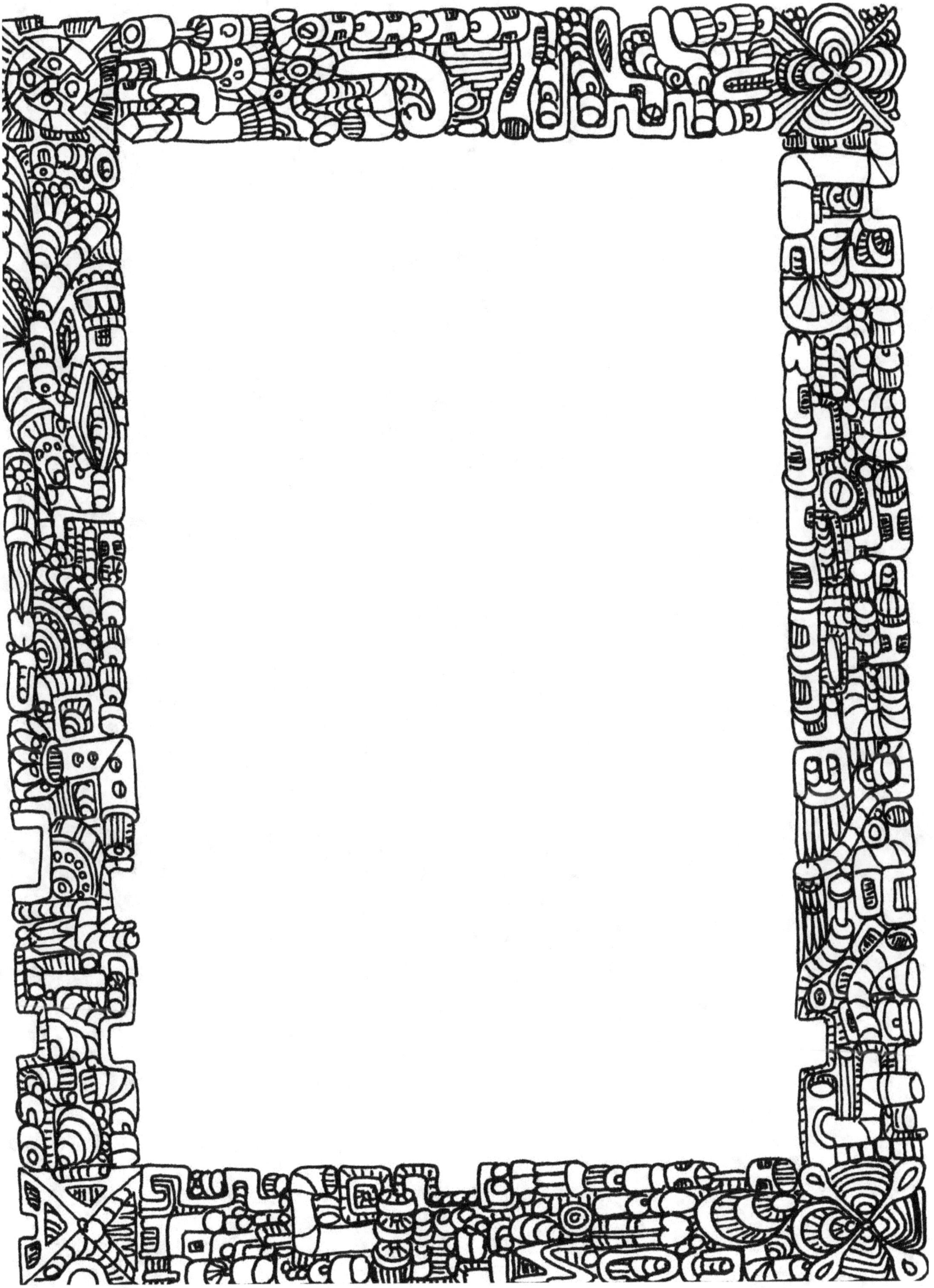

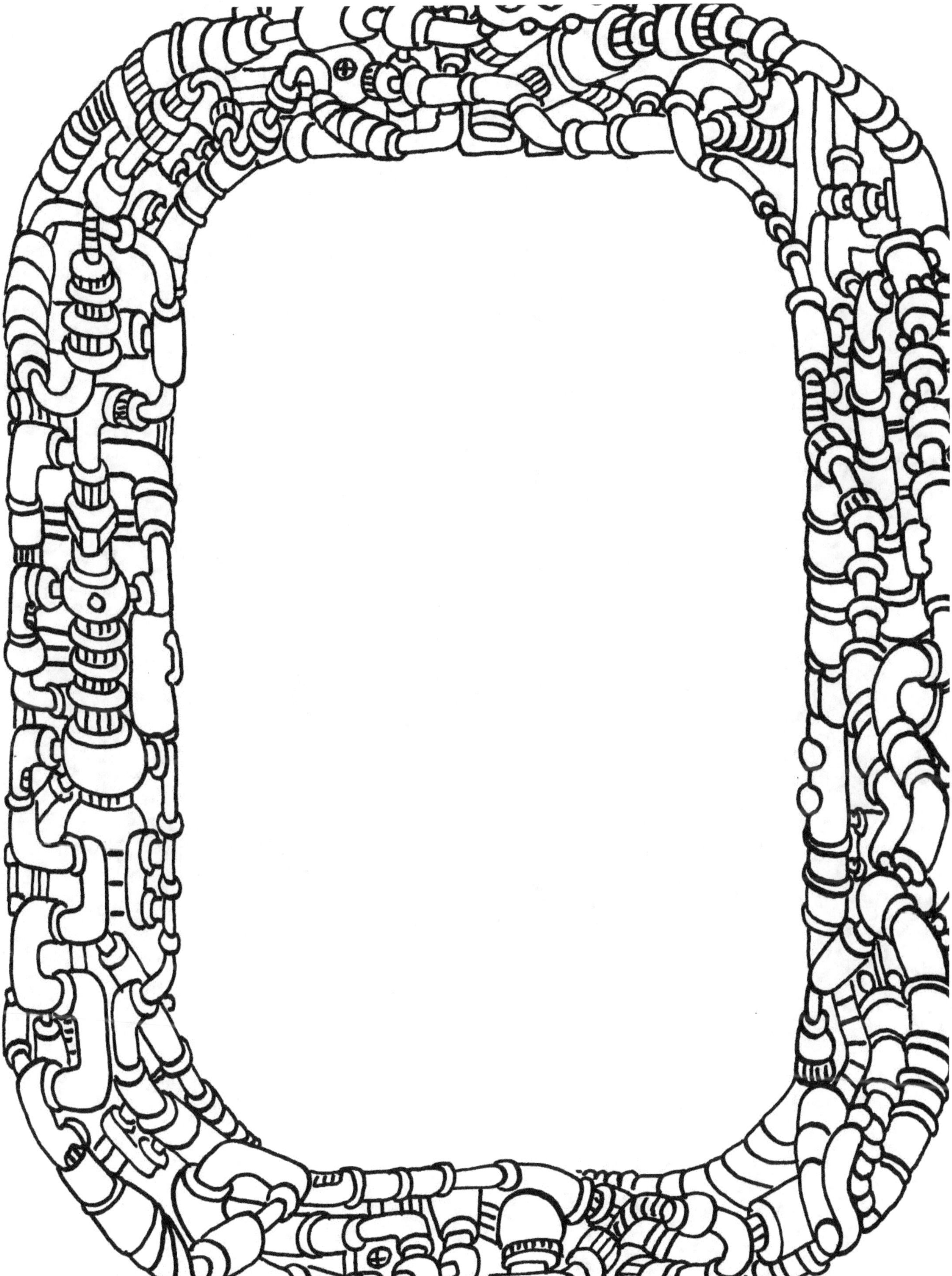